LES FABLES DE LA FONTAINE
REVUES ET SALÉES

Juliette Clément

LES FABLES DE LA FONTAINE REVUES ET SALÉES

ou

UN PETIT CLIN D'ŒIL ÉROTIQUE À UN GRAND MONSIEUR

LES **I**NTOUCHABLES

Les Éditions des Intouchables bénéficient du soutien financier de la
SODEC, du Programme de crédits d'impôt du Gouvernement du
Québec, du PADIÉ et sont inscrites au Programme de subvention
globale du Conseil des Arts du Canada.

LES ÉDITIONS DES INTOUCHABLES
4674, rue de Bordeaux
Montréal, Québec
H2H 2A1
Téléphone : (514) 529-8708
Télécopieur : (514) 529-7780
intouchables@yahoo.com
www.lesintouchables.com

DISTRIBUTION :
Prologue
1650, boulevard Lionel-Bertrand
Boisbriand, Québec
J7H 1N7
Téléphone : (450) 434-0306
Télécopieur : (450) 434-2627
prologue@prologue.com

Impression : AGMV-Marquis
Infographie : Yolande Martel
Maquette de couverture : Marie-Lyne Dionne
Photo de la 4e de couverture : Cathy Duchesne
Illustrations : Bruce Roberts

Dépôt légal : 2001
Bibliothèque nationale du Québec
Bibliothèque nationale du Canada

ISBN 2-89549-057-0

Merci à Émilie et Arnaud pour leur soutien permanent,
À RV et à Andrée pour leur écoute téléphonique,
À RV et à Dominic pour leurs corrections orthographiques
Et pour le reste, à Béatrice, Frédéric, Amélie et Boud'zan…
Sans oublier M'sieur Jean ! ! !

à RV…

La Cigale et la Fourmi *

La Cigale, n'ayant que flirté
Tout au long de ses belles années,
Se retrouva fort dépourvue
Quand les premières bites furent venues.
Parfois amour… mais platonique,
N'allant jamais jusqu'à la nique.
Quelques baisers, certes en action,
Mais sans aucune pénétration !

Par contre, la Fourmi, sa voisine,
N'avait, elle, échappé nulle pine.
De long en large, par tous les temps
Dans la rue, guettant le client
Qui la prend dans toutes positions
Et que ceci lui plaise ou non !

* Livre I – Fable 1.

Elle a vraiment sucé des glands,
Pour amasser autant d'argent !
Voyant venir de loin la prude,
La reçut d'une manière bien rude ;
Voulait lui donner une leçon,
Elle qui s'était usé le con.
Dame la Fourmi n'est pas prêteuse
Et riant de la demandeuse :
« Vous étiez chaste, comme c'est charmant.
Vous flirtiez ? Baisez maintenant ! ! ! »

Le Corbeau et le Renard [*]

Maître Corbeau, tout de cuir habillé,
Se dandinait fièrement dans le Village[1].
Maître Renard, physiquement attiré,
Tout mielleux, lui susurra ce langage :
« Bel Ami, tu es si… musclé… bronzé…
Que je ne peux cesser de t'admirer ! »
Mais le Renard alors ne savait point
Qu'homo, le Corbeau, en était fort loin.
Dans la nuit, il confondit l'aguicheur,
Il se dit : « J'aurai quand même ses faveurs !
Ce corbeau est trop fier de sa personne,
Faut qu'il arrête de me prendre pour une conne. »
Il le flatta et le soûla si bien,
Qu'il l'emporta chez lui jusqu'au matin.
Maître Bougre[2] put se livrer aux vertiges
Du perpétuel mouvement de sa tige.
Notre Sire Corbeau fut tellement lutiné
Qu'il s'éveilla le cul… tout englué !
Fatalement il ne pouvait plus s'asseoir,
S'étant fait déflorer : quel désespoir !

[*] Livre I – Fable 2.
[1] Quartier homosexuel à Montréal.
[2] Sodomite.

Le Renard lui fit la morale sur l'heure :
« Apprenez, Monsieur, que tout séducteur
Dépend du vit [3,4] de celui qu'IL écoute.
Cela vaut bien un dépucelage sans doute ? »

Le Corbeau hétéro, honteux, voire même confus,
Jura mais un peu tard, qu'on ne LE prendrait plus !

---

[3] Sexe masculin ; et [4] Merci à Arnaud pour cette inversion.

La Grenouille qui se veut faire aussi grosse que les Bœufs *

Une Grenouille vit un jour des Bœufs,
Qui lui semblèrent de fort belle taille.
Pour s'enfler, elle se dit : « Des tas de nœuds
Je dois sucer » et se mit au travail.
Elle n'eut aucun mal, la coquine,
À glaner tant et tant de pines.
Elle les a toutes fortement astiquées.
De la semence, en a plus qu'absorbé.
L'envieuse si bien en avala
Que d'étranglement, elle creva !!!

---

* Livre I – Fable 3 : La Grenouille qui se veut faire aussi grosse
que le Bœuf.

15

Le monde est plein de gens qui ne sont pas plus sages,
Car tout un chacun veut de l'autre les avantages
Et copie de son mieux pour en avoir l'image :

Un péché de tout temps est l'envie qui fait rage…

Les deux Mulets [*]

Deux Mulets cheminaient, l'un richement vêtu,
L'autre seulement portait un drap sur sa peau nue.
Le premier caracolait d'un air fier,
Vaniteux et le regard incendiaire.
Il cherchait à aguicher tout le monde
Qui circulait à cent lieues à la ronde.
Des gars attirés le prirent dans un coin,
Le baisèrent à grands coups de reins.
L'aguicheur protesta, amer,
Lorsque les dards des gars se retirèrent.
Tourmenté, il se posa des questions
Sans deviner le pourquoi de l'action :
« On m'avait promis qu'en étant si beau,
Les gens m'admireraient sans dire un mot…
Comment se fait-il que tu ne sois en danger ?
Tandis que moi, les gens ne pensent qu'à me grimper !

– Ami, lui dit son camarade,
Si tous ces artifices tu ne déploies,
Bien tranquille, tu ne serais dans l'effroi :
Ton cœur ne battrait la chamade ! »

[*] Livre I – Fable 4.

Le Loup et le Chien [*]

Le Loup n'avait que la peau sur les os
Tandis que le Chien était beau et gros.
Le Sire décharné devait faire la manche,
Dormait parfois dans le lit d'une Oie blanche.
Il vivait au bon gré de sa musique,
Sans perdre pour autant l'occasion d'une nique.
Alors, cela ne nourrit pas son Loup,
Car copuler peut rendre maigre comme un clou.
« Qui baise, dîne ! » est bien prévu dans l'adage [1],
Mais rime peu avec le vagabondage [2] !
C'est pourquoi il bava d'envie
Sur son compère Chien bien nourri.

Il l'aborda : « Dis-moi l'Ami,
Que fais-tu pour être si bien mis ?
– Tu ne devras pas faire grand-chose :
Toujours à poil, mettant la dose,
Trifouillant bien avec tes pattes,
Gentiment mes Grandes Dames les Chattes.
Les léchant fort à tout moment.
Mangeant et baisant tout le temps :

[*] Livre I – Fable 5.
[1] Adage légèrement transformé certes !
[2] Et pourtant ! ! !

18

Tu rends quelques menus services,
Sans vraiment faire de sacrifices. »

Le Loup avait presque pattes et poings liés…
Lorsque le Chien se gratta le collier !

Sire le Loup prit tout à coup peur du lien.
Le Chien le rassura : « Mais, ce n'est rien !
J'ai juste attrapé un peu d'eczéma
Avec mon collier à vingt-quatre carats… »

[…]

(Et puis avec les vieilles Chattes défoncées,
Il avait peut-être même une MST[3] !
Car elles ne sont pas très propres, les Rombières,
Qu'il en sort souvent la queue pas si fier…)[4]
« Mais alors, pourquoi tu ne t'en vas pas ?
– Je ne veux pas, elles paient trop bien pour ça !
– En fait, tu es… gigolo : un esclave ?
T'as moins de Liberté qu'elles ne se lavent !
Je préfère manger moins, prendre ce qui m'intéresse,
Me coucher dans le foin, fourrer de plus belles fesses !
Je ne voudrais pas même à ce prix un trésor. »

Cela dit, Maître Loup s'enfuit, et court encore ! ! !

---

[3] Maladie Sexuellement Transmissible.
[4] Beurk ! Elles devaient être pleines de croûtes ? Pour moi, ça
ne fait aucun doute !

L'Hirondelle et les petits Oiseaux [*]

Une Hirondelle, de ses voyages
En était revenue fort sage.
Elle avait tant appris et vu
Qu'elle avait beaucoup retenu.
Dès lors, elle voulait prévenir
D'un grand malheur proche à venir,
De ce fléau dur à guérir,
Celui qui sûrement fait mourir [1].
Elle s'exprimait comme un Oracle
Voulant éviter la débâcle :

« Sans le savoir, les Oiseaux qui forniquer aiment
Sont en réel danger de ce péril extrême.

Le moyen de se protéger :
Mettre une capote pour copuler !
Il n'est pas question d'abstinence
Mais d'agir avec prévoyance.
Toujours, il faut faire attention
Dès qu'on fait une pénétration,
Surtout avec la sodomie
Ou bien lorsqu'on lèche un(e) ami(e) ;
Enfin toutes pratiques sexuelles
Où s'échangent les fluides corporels. »

[*] Livre I – Fable 8.
[1] Voir ci-après.

[Pour tous les gens, et ce Pape qui n'a rien compris,
L'Hirondelle parle bien sûr du SIDA notre ennemi.]

Mais les Oiseaux sont insouciants,
Réagissant comme des enfants.
N'oyant pas la sage Hirondelle,
Les pauvres idiots se moquèrent d'elle.
Les capotes ne voulaient les mettre,
Disaient : « Ça enlève du bien-être. »
En fait, ils ne la croyaient pas
Puisque le mal n'était point là…

… Certaine du bon sens véritable,
Elle poursuivait imperturbable :

« C'est pourquoi vous n'avez qu'un parti qui soit sûr,
Celui de mettre une capote sur vos glands bien durs. »

Et en modifiant sa tactique,
L'Hirondelle vanta la technique :
« Les capotes ne sont plus si tristes,
Elles sont mêmes plus que fantaisistes,
De différentes formes et couleurs
Ou alors dans plusieurs saveurs,
Très faciles à utiliser,
Vous n'aurez pas l'air bête… Osez
Et si vous ne savez y faire,
Faites-les mettre par vos partenaires ! »

Mais les Oisillons n'écoutaient que leurs envies,
Baiser, sans pour autant se soucier de la vie…

Ils étaient bien las de l'entendre,
Continuèrent d'autant se prendre,
Ne cessèrent pas de folâtrer,
Les partenaires de s'échanger,
Participèrent sans protection
Aux joies de la copulation.
Et ce qui devait arriver
Arriva vite, sans épargner ;
Se le passèrent les uns aux autres
Sans se rendre compte de sa venue…
Nous n'écoutons d'instincts que ceux qui sont les nôtres,
Et ne croyons le mal que quand il est venu.

Le Rat de ville
et le Rat des champs [*]

Un jour, le Rat de ville
Pria le Rat des champs
D'une façon fort civile
À la Partouze de l'an.

Sur un lit de coussins,
Des tas de petits culs
À enfiler, pas moins,
Étaient disposés, nus.

La baise fut plus qu'honnête,
Ne savaient tous les deux
Où donner de la tête,
Surtout où mettre leur queue.

Pendant leurs galipettes
À petits coups de reins,
Un Chat troubla la fête
Lorsqu'ils étaient en train.

[*] Livre I – Fable 9.

24

Le Mâle part, plus de peur,
Mais les Rats désolés,
Pour leur plus grand malheur,
Ne pouvaient plus bander !

« Assez ! dit le rustique,
Demain, venez chez moi.
Je vous promets une nique
Où Chat ne fera loi !

Je baise tout à loisir,
Rien ne vient m'interrompre. »
Je dis : « Fi du plaisir
Que la crainte peut corrompre ! »

[…]

Pour ceux qui veulent savoir [1],
Impatients de la suite,
Révélons-leur l'histoire
Qui arriva ensuite :

Sur le foin, dans la grange,
Rats fourrèrent deux Souris
Sans que Chats ne dérangent,
Ce fut enfin l'orgie ! ! !

[1] Pour Émilie qui m'a demandé ce qui se passait à la campagne ! !

Le Loup et l'Agneau *

La raison du plus fort est toujours la meilleure :
Vous allez le voir tout à l'heure.

Un Agneau passait bien tranquille
Sans se douter qu'il fut une proie vraiment facile.
Un Loup ivre et en train avec la veuve Poignet [1]
Fut gêné par le gosse, qui ne le fit exprès.
« Qui te rend si hardi de troubler mon veuvage ? »
Dit l'animal plein de breuvage
Pensant déjà à le poisser.
« Sire, sans souhaiter vous froisser »
Lui dit l'Agneau plein de respect
Avec un air fort circonspect,
Vous ne devez pas m'en vouloir,
Car je ne pouvais pas savoir ! »
L'autre, grisé : « Comment ! Tu m'aguiches ?
En remuant avec tes miches.
– Je ne veux en aucune façon
Et ne crois troubler vos actions.
– Quoi ! Tu me tentes et tu discutes ?
Continua le Loup en rut,
De tes cheveux blonds comme les blés,
Tu dis ne pas croire me troubler.

* Livre I – Fable 10.
[1] À votre avis ? ?

Si ce n'est toi, c'est donc ton frère !
Car tous les deux, vous faites la paire[2].
– Maais ! poursuivant, je n'en ai pas... »
Pauvret, qui ne saisissait pas.

Enfin, au fond de la forêt,
Le Loup l'emporte et puis le baise,
Pas de soucis, étant fort aise,
Sans aucune autre forme de procès.

[2] Le Loup voit double à cause de l'alcool !

Les Violeurs et l'Anne [*]

Pour une Anne à fourrer, deux Violeurs se battaient.
L'un voulait la baiser, l'autre désirait la prendre.
Tandis que des coups se mettaient,
Leurs pines ne pouvaient donc se tendre !
Aucun des deux ne l'avait mise ;
Elle soufflait de ne pas être prise.
Un troisième arriva, d'autant plus grand seigneur
Qu'il la butina vraiment gentiment sur l'heure.
La sœur Anne n'a rien vu venir [1] :
Il l'a prise… par les sentiments,
Si galant qu'ils ont pu partir ;
Depuis, il la…bourre [2] tout le temps !

Il laissa les deux sots tels quels,
En se saisissant de la Belle…

[*] Livre I – Fable 13 : Les Voleurs et l'Âne.
[1] Cela ne vous rappelle rien ? ?
[2] OK, c'est plus fréquent avec un cheval !

La Mort et le Bûcheron *

Il était un vieux Bûcheron
Qui maintenant se lamentait
Car il n'avait plus d'érection.
Et vraiment, ça le tourmentait…

Lui qui dans le passé pourtant
Était un coureur de jupons ;
Il n'y avait pas si longtemps
Qu'il s'en niquait tant, le fripon.

Comme elle n'existait pas encore
Cette petite pilule bleue magique [1] ;
Résigné, il héla la Mort
N'ayant plus le goût de la nique.

* Livre I – Fable 16.
[1] Viagra.

– La Mort arriva sans tarder –
Si vite qu'il ne voulut le faire… :
« Heu ! C'est pour… m'aider… à bander ? »
Mourir ne le tentait plus guère !

Le trépas viendrait tout guérir,
Mais nous ne bougeons d'où nous sommes :
Plutôt souffrir que de mourir,
C'est bien là une devise des hommes.

L'Homme entre deux âges, et ses deux Maîtresses *

Un jour, un Homme entre deux âges,
Tirant un peu sur le grison [1],
Jugea que c'était la saison
D'envisager le mariage.
Comme il avait beaucoup d'argent,
Toutes Demoiselles voulaient lui plaire [2].
Mais méfiant, il prenait son temps,
Étant pointilleux en affaires !
Le Sire choisit enfin deux veuves
Qu'il mit tout de suite à l'épreuve.
La première était toute jeunette ;
Elle adorait les galipettes
Sans choix précis de positions
Mais avec toujours plus d'action…
La deuxième était bien plus mûre
Et chérissait des valeurs sûres,
Des positions si compliquées,
À en être tout courbaturé…

* Livre I – Fable 17.
[1] Mmmh, brun avec les tempes argentées… le cliché !
[2] C'est bien connu.

Sans aucune pause, il les prenait,
De l'une à l'autre ainsi passait ;
Si bien que tous les jours durant
En baisait une à chaque instant.

À la fin, il dit, fatigué
En étant presque écœuré d'avoir trop baisé :
« La Dame que je prendrais voudrait qu'à sa façon
Je la monte, et non à la mienne.
Il n'est de bonnes baiseuses qui tiennent ;
Je vous suis obligé, Mesdames, de la leçon.
Je finirai donc célibataire endurci,
J'ai assez baisé pour une vie ! ! ! »

Le Renard et la Cigogne [*]

Compère le Renard se mit un jour en frais,
Et retint à baiser commère la Cigogne.
La baise fut fort petite, sans beaucoup d'apprêts :
Il avait joui de suite pour toute besogne !
Il l'avait pénétrée si rapidement
Qu'aucune Cigogne n'eût pu venir à l'instant.
Compère Renard avait en une pirouette
Achevé toutes les promises galipettes.
Pour se venger de cette tromperie,
Plus tard, commère la Cigogne le prie.
Le Renard spécula tout content
Qu'il baiserait encore brusquement.
Très vite, il se presse chez son hôtesse,
Rêvant déjà de ses jolies fesses.
Belle Cigogne le vit venir de loin
Et s'était préparée bien à point.
De son long vase rentré jusqu'au col [1],
Elle commençait enfin son envol [2].
Le compère ne put donc rien lui enfoncer.
Tandis que la Belle prenait vraiment son pied ! ! !

---

[*] Livre I – Fable 18.
[1] De l'utérus, bien sûr !
[2] Sa jouissance.

Il lui fallut rentrer au logis,
Déçu et les roupettes en éveil.
Honteux comme un Renard qu'une main aurait pris,
Serrant sa queue, et portant bas les oreilles.

Trompeurs, c'est pour vous que j'écris ;
Attendez-vous donc à la pareille !

Le Coq et la Perle[*]

Un jour, un Coq s'enflamma
Pour une Perle sur hauts talons ;
Excité, il la baisa,
Étant fétichiste profond.
Il voulait toujours la mettre
Perchée sur dix centimètres
Et réclamait en prière
Que des chaussures à lanières ;
La Perle érigeait sa pine
En étant si féminine…

Excusez-moi, Monsieur Jean
Si le sens est divergent ;
Mais avec ses jolies paires,
Elle, faisait vraiment l'affaire[1] !!!

---

* Livre I – Fable 20.
[1] Rappelez-vous, la Perle ne faisait pas l'affaire du Coq dans la fable de La Fontaine.

Les Frelons et les Mouches à miel [*]

À l'œuvre, on connaît l'artisan.

Une Guêpe fut retrouvée, des ailes, tourbillonnant ;
Elle était étourdie de salive sexuelle
En une certaine partie qui passait pour du miel !
On se demanda qui, des Abeilles ou Frelons,
Avaient bien pu commettre une si vilaine action ?
La cause dut être plaidée devant le Hanneton
Qui était au procès, le seul juge en fonction.
Les Abeilles démentirent, quant aux seconds larrons,
La queue entre les jambes, partirent à reculons.
On fit paraître comme témoins toute une fourmilière
Qui, une à une, ne connaissaient rien à l'affaire.
La cause de cette façon devenait si traînante
Que le juge désormais questionna la plaignante.
Et la Guêpe de dire qu'elle ne se plaignait du tout…
Car elle se rappela que c'était des bons coups !
Le juge très excité par les dires de la Belle
Se branlait à l'arrière, discret, du bout des ailes.
Puisque la Guêpe voulait se faire lécher encore,
Les accusés se sont manifestés alors :
Les Abeilles lesbiennes dirent : « Ça ne peut être que nous ! »
Et les fanfarons Frelons : « C'est impossible… vous ??? »

[*] Livre I – Fable 21.

Sceptiques, les jurés ne pouvaient que se tâter
Car ils ne savaient pas comment délibérer.

Dans ces conditions-là, ça prenait des longueurs.
Dame la Guêpe impatiente attendait son bonheur.
Une Abeille trancha : « Mettons-nous chacun à l'œuvre,
On verra bien de qui elle préfère les manœuvres ! »
L'Abeille avait envie de brouter le gazon
De la Guêpe si jolie et voulait la détendre.
Sans nulle comparaison avec les Sires Frelons
Égoïstes qui pensaient au plus tôt à la prendre.
La Demoiselle n'eut aucun mal à décider
Car, avec les Abeilles, elle jouit en premier !
Si bien que les jurés enfin délibérèrent,
Puis le juge partit baiser toute la fourmilière…

Il n'y a pas soupçon pour le cunnilingus,
C'est meilleur quand ce sont des femelles qui se sucent [1] ! ! ! !

---

[1] Ça aussi, c'est bien connu !

Le Chêne et le Roseau *

Le Chêne un jour dit au Roseau
En lui montrant ses biscoteaux :
    « Tu es bien délicat et frêle !
Mais ta tenue est vraiment belle. »

Le Chêne, pour arborer [1] sa force,
Faisait plusieurs effets de torse.
Il voulait le défendre de tout,
Être seul à lui donner des coups,
    Vivre une liaison sadomaso
Et le prendre par le bas du dos.

Cette relation, le Chêne propose
Au Roseau, pour lui mettre la dose.
Le fluet doutait, mais c'est vrai
Que cette conception lui plaisait :
Un Roseau plie et ne rompt pas.
Son plaisir, lui, l'obtient comme ça ;
    Sans montrer sa fragilité,
Notre maso prend toujours son pied !

    Mais il pensait l'arbre incapable
D'agir sans se sentir coupable.

---

* Livre I – Fable 22.
[1] Ce qui est ma foi normal pour un arbre !

Pour s'en assurer, ce qu'il fit
Un jour, il mit l'arbre au défi
De jouer le réel sadique :
Un bâillon en cuir dans la bouche,
Crûment enchaîné sur sa couche
Le Roseau plie, aime la pratique…
Puis il veut se faire flageller !

Et la panique de s'installer…

L'arbre débute sans courber le dos
Jusqu'à c'qu'il éclate en sanglots.

Le Chêne, malgré tous ses efforts,
Convint qu'il n'était pas si fort !!!

Contre celles qui ont
le goût difficile *

Il était un père agresseur
Qui abusait ses filles : deux sœurs.
Puis le vil finit par partir,
Laissant ses filles se pervertir [1].
Ce père était vraiment bizarre
Et elles avaient gardé des tares,
Des symptômes très psychologiques :
L'aînée était une hystérique
Et la cadette une nymphomane ;
Les pauvres étaient fêlées du crâne !

La première choisissait ses cibles
À l'image de celui, du reste,
Qui avait provoqué l'inceste
Et cherchait l'Amour impossible.
Donc son dévolu elle jetait
Lorsque conclure elle ne pouvait
Ou draguait des hommes plus âgés
Qui bien souvent étaient mariés.
L'aguicheuse voulait les séduire
Et puis finissait par s'enfuir.

---

* Livre II – Fable 1 : Contre ceux qui ont le goût difficile.
[1] Mais que pouvaient-elles faire d'autre suite à ça !

Elle ne passait pas à l'action :
Tout dans la somatisation
Car elle ne voulait ressentir
Aucune émotion ou plaisir !
En se coupant de ses affects,
L'Hystérique devenait suspecte,
Avait moins d'angoisse, c'est un fait
Mais elle n'était pas satisfaite…

Tandis que la petite dernière
Était vraiment plus familière.
Elle draguait, tout comme sa grande sœur,
Mais, elle, consommait ses ardeurs.
La Belle aguichait tout le monde,
En devenait une dévergonde !
Elle faisait de la séduction
Jusqu'à la surconsommation
Et s'était donnée pour défi
De les baiser tous dans son lit.
Elle passait toujours à l'action
Et prenait toutes les positions.
Pourtant, il restait un problème
Que la Belle se cachait à elle-même :
« Trop de baises les rendent insipides… »
Du coup, elle se pensa frigide.
Sa quête s'avérait éperdue,
N'étant pas satisfaite non plus !

Les sœurs voulurent donc se venger
De ces mâles et surtout du père,
À l'origine de cette affaire,
Et ont fini par leur… couper[2] !!!
Les hommes et leur bête convoitise
Finalement en perdirent leur guise[3]…

Cela devenait dangereux
D'autant souhaiter se les faire[4].

Les difficiles sont malheureux,
Rien ne saurait les satisfaire…

[2] Gloup, doivent faire certains lecteurs en ce moment !!!
[3] Pénis.
[4] C'est le moins qu'on puisse dire !

Conseil tenu par les Rats [*]

Un Chat, que les Rats nommaient Jean,
    Niquait les Rates la nuit durant.
Bien qu'il perdit un peu ses poils,
Les Dames pensaient voir les étoiles ;
    Car toujours le Chat muant [1],
        Avec ses prouesses sexuelles
        Et son allure de Don Juan [2],
    Les envoyait au Septième Ciel !!!
Elles désiraient toutes se faire mettre
Jusqu'au plus profond de leur être.
Maître Jean, fier de son gros nœud,
Se moquait de leurs petites queues.
Les Rats n'en pouvaient plus, jaloux ;
Ils tinrent conseil contre le matou
Et demandèrent à leur doyen,
Suppliants : « Trouve-nous un moyen.
    – Mes enfants, la seule solution,
    Dit le sage, c'est la castration ! »
La plupart, des yeux, approuvèrent,
D'autres, bien plus aigris, s'enflammèrent :

[*] Livre II – Fable 2.
[1] Pour ne pas dire un chat huant car cela n'a rien à voir !
[2] Jean en espagnol.

44

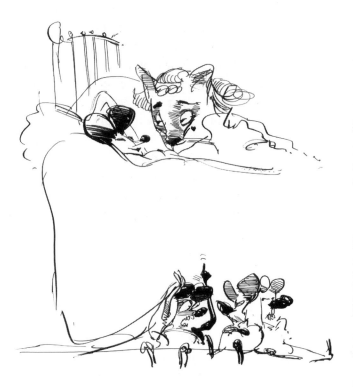

« Tu as raison, à ce salaud,
Il faut lui couper les grelots[3] ! »

D'accord sur l'acte à accomplir,
Mais qui dès lors allait agir ? ? ?
Un dit : « J'ai du lait sur le feu… »
L'autre : « Je ne saurais, je ne peux… »
Puis un autre : « Je ne suis pas fou… »
Ils se quittèrent et ce fut tout ! ! !

Ne faut-il que délibérer,
La cour en conseillers foisonne ;
Est-il besoin d'exécuter,
L'on ne rencontre plus personne !

---

[3] En référence au grelot que les Rats doivent accrocher au cou
du chat dans la fable de La Fontaine.

Le Loup plaidant contre le Renard par-devant le Singe [*]

Un Loup disait qu'on l'avait volé
Et accusait un certain Renard
Qui lui renvoyait autant sa part ;
La cause devant le Singe fut plaidée.
Il eut du mal à la débrouiller,
Mais le Singe malin à tant fouiller,
Découvrit le noyau de l'affaire
Qui se cachait bien au fond derrière.

Ils étaient tous deux exhibitionnistes en fait
Par malheur, ils avaient choisi la même retraite :

Un coin, près d'une école de jeunes filles
Où ils s'exhibaient devant la grille.
C'est pourquoi, l'un l'autre, ils s'accusaient
Afin que l'un, la place, céderait…
Le Singe fit alors une pierre deux coups
En emprisonnant les deux filous :
L'un, car on ne lui avait rien pris ;
Et l'autre, pour ce qu'il n'avait pas pris ! ! !

Il prétendait ainsi qu'à tort et à travers
On ne se tromperait condamnant deux pervers.

[*] Livre II – Fable 3.

47

Les deux Taureaux et la Grenouille [*]

Deux Taureaux combattaient à qui lutinerait
Une Dame Génisse qui en soupirait :
Elle avait bien envie
Maintenant
Que l'un lui mette son vit [1].
Tout ce temps, une vieille Grenouille tremblait ;
Une autre lui demanda, inquiète, ce qu'elle avait.
« Tu verras, restera un Taureau excité
Qui aura bien envie de baiser.
Et qui va en souffrir
Sûrement
De ce puissant désir ?
Nous, petites Grenouilles, il voudra prendre,
Opprimées, sans défense, obligées de s'étendre.
Tantôt l'une, et puis l'autre, il faudra qu'on pâtisse
Du désir qu'a causé la Génisse… »

Puis… la bête de malheur,
Fatalement,
En niqua cinq par heure [2] !!!

Hélas, on voit bien que de tout temps
Les petits ont pâti des vilenies des grands.

[*] Livre II – Fable 4.
[1] Sexe masculin toujours.
[2] Ça, c'est de la performance… C'est qu'il en faut des Grenouilles pour égaler le poids d'une Génisse !

La Chauve-souris
et les deux Belettes *

Une Chauve-souris donna tête baissée
Dans le nid d'un Sire Belette froissé,
Misogyne, qui la mit en émoi.
Paniquée, pour prouver sa bonne foi,
Elle dit, pressée : « À bas les femelles !
Je suis un Oiseau [1], voyez mes ailes. »
Lui, surpris : « N'êtes-vous pas une Souris [2] ? »
Plus rassurée : « Vive la Bougrerie [3] ! »
Puis, en reluquant son joli cul,
Sire Belette tout à fait convaincu,
Excité, l'attrapa par les hanches
Et encula « l'Oiseau » de son manche.
Enfin rassasié de ses prouesses
Et du mouvement de ses belles fesses,
Il laissa partir notre étourdie.

Qui par la suite, aveuglément, se mit
Dans le nid d'une Dame Belette très hargneuse
Que les mâles Oiseaux rendaient fort furieuse.

---

* Livre II – Fable 5.
[1] Un homme.
[2] Une femme.
[3] Groupe qui pratique la sodomie.

L'étourdie se retrouva en danger
À nouveau et se mit à proclamer,
Enthousiaste, montrant ses poils de « Souris » :
« À bas les hommes, vive le gazon maudit[4] ! »
L'autre, éveillée par une lueur lubrique,
Sentit monter les plaisirs de la nique :
Elles sucèrent avec leurs langues serpentines
Leurs boutons de chair ; nul besoin d'une pine.
Et en explorant les parois si fines,
Dans leurs bouches coula la sève féminine.
Puis elle laissa Dame Belette satisfaite
Et s'échappa de ses crocs, pas si bête.

Ainsi, se retrouva notre bisexuelle
En la compagnie d'un mâle ou d'une femelle
Et maligne grâce à son adroite répartie,
La Chauve-souris put sauver deux fois sa vie.

Plusieurs se sont trouvés, qui de moyens changeants ;
Le sage, du danger, se sauve en s'accommodant.

---

[4] Cunnilingus entre deux femmes.

La Lice et sa compagne[*]

Une fois, une Lice[1] et sa compagne
Sablaient gentiment le champagne.
Puis les coupes de tant se remplir
Qu'elles firent naître de profonds désirs :
Elles, de plus en plus éméchées,
En vinrent à se faire des doigtés…
La prude Lice commença par un,
Trouvant ce doigt déjà coquin !
L'autre émoustillée en voulait
Toujours plus, et il se devait
D'être accompagné d'un deuxième
Qui, suivi de près du troisième,
Attendaient le numéro quatre.
Et sa compagne de tant s'ébattre
Qu'elle réclama la main d'un coup…

Laissez-la prendre un doigt de vous,
Qu'elle en voudra cinq aussitôt
Pour mieux titiller son clito…

Si vous donnez le bout du doigt,
On vous réclame bientôt le bras !!!

[*] Livre II – Fable 7.
[1] Femelle du chien de chasse.

Le Lion, la Chienne
et le Moucheron [*]

Il était une fois un nigaud de Lion
Qui, ayant fait un mariage de raison,
Épousa une mégère pour son argent ;
Bien docile, il en prit pour vingt-cinq ans.
C'était une grande Femme brune autoritaire
Qui était vraiment Chienne en la matière
Car elle le dominait complètement
Jusqu'au point de devenir son tyran.
Elle ne voulait même pas se faire baiser,
C'est dire si le Lion devait se branler !
En fait, le pauvre avait eu juste le temps
De lui coller deux jumeaux comme enfants,
Puis de supporter toutes ses réflexions
À longueur de journée dans la maison.
De plus, elle était jalouse, possessive
Et l'espionnait en étant intrusive :
Il aurait bien fait un tas de charpie
Avec sa belle et acariâtre harpie [1].
Il avait vraiment souffert le martyre
… Et il mit un quart de siècle à partir…

[*] Livre II – Fable 9 : Le Lion et le Moucheron.
[1] Nous aussi ? Oui !

52

Mais c'est parce qu'il avait rencontré
Le jour d'avant, au milieu d'une soirée,
Une Demoiselle Moucheron toute jeunette
Qui avait l'air gentil, une blondinette.
– Et le Lion toute la nuit de la fourrer [2] –
Pourtant son bonheur fut de courte durée
Car pas plus tard se révéla l'insecte
Comme faisant partie d'une dangereuse secte
Dont les adeptes avaient des mœurs extrêmes :
Jouir en faisant périr l'amant, blême…
Il avait le choix entre boire du poison,
Être étranglé pour une forte érection
Ou se faire sucer jusqu'à la saignée ! ! !
Quelle chose par-là peut nous être enseignée ?

J'en vois deux : – Parmi tous nos ennemis,
Les plus à craindre peuvent être les plus petits ;
Et – qui pense d'un grand péril se soustraire
Peut ensuite périr pour une moindre affaire !

[2] Ô joie de voir passer ses deux melons à l'état de pommes,
prunes, raisins, puis de petits raisins secs ! ! !

Le Lion et le Rat *

On a souvent besoin d'un plus petit que soi ;
Ce qui suit ne va point le montrer de bonne foi [1] !!!!

Le roi des animaux autrefois se moqua
Des minuscules grelots de son valet le Rat.
Ce dernier, offusqué, s'éloigna de la cour
Où vivaient des sujets si membrés pour l'amour.
Sire le Lion, cet Hercule, était un sodomite ;
Il aimait qu'on l'encule avec des tas de bites.
Mais ces dernières étaient trop grosses pour la pratique,
Tel que le Lion avait, en raison de cette nique,
L'hémorroïde au cul qui lui faisait bien mal :
Le Sire ne pouvait plus monter sur son cheval !
Ses sujets poursuivaient, loyaux mais trop membrés,
Quand le Lion ils mettaient, ça le faisait hurler.
Or le Sire triste tenait à son petit plaisir,
Si bien qu'il insistait pour encore l'assouvir.
Il se souvint du Rat et de sa petite queue.
Aussi, il l'appela pour qu'il lui mette son nœud.
Le bon roi s'excusant car il ne l'aurait cru,
Était enfin content, quand le Rat prit son cul [2].

* Livre II – Fable 11.
[1] et [2] Je vous avais prévenu !

54

Le Lièvre et les Grenouilles *

Un beau jour, un jeune Lièvre remarqua
Inquiet, une certaine protubérance
Qu'il découvrit lorsque débuta
Enfin sa timide adolescence…

– Il la touche et du coup, ça l'excite
Mais poltron comme il est, il hésite…
N'étant pas préparé, il a honte
Et a peur dès que ce désir monte.
Il se branle alors en se cachant
Si fort qu'il n'en est pas moins content ;
Car irrépressible est l'onanisme [1]
Prônant les bienfaits de l'égoïsme.
Néanmoins, il persiste un dilemme
Entre sa frayeur et ce qu'il aime :
Il n'est jamais paisible, le poltron
Et prend son plaisir à reculons.

Un autre jour venant, pour calmer sa trouille
En se promenant, il tombe sur des Grenouilles
Qui, elles, se masturbent vraiment tranquillement
Les unes à côté des autres tout simplement.
Cette quiétude lui fait se poser des questions
Quant à la honte due à la masturbation (? ? ?).

* Livre II – Fable 14.
[1] La masturbation.

Puis, lorsqu'elles le voient, elles s'enfuient en hurlant ;
Cette peur passée, elles lui disent en revenant :
« Tu sais, la masturbation, c'est naturel
Et ça fait partie des plaisirs sexuels… »
Il en déduit ces deux leçons aussitôt,
Fier de les avoir mises aussi en défaut :

– « Voilà des animaux qui tremblent devant moi ;
Il n'est, je vois bien, si poltron sur la terre
Qui ne puisse trouver un plus poltron que soi.

– Je peux me mettre enfin joyeux à l'affaire ! ! ! »

Le Coq et le Renard *

Sur un arbre perché, tout en faisant le guet,
Un vieux Coq homo et malin
attendait ses compagnons gays
Pour une partouze jusqu'au matin.
La fête promettait d'être belle
L'hôte la préparait sensuelle…
Un Renard qui passait par là
Voulut assister au gala.

Tout excité déjà, car il était voyeur,
Psychopathe, voire un peu tueur.
Il prit le Coq avec douceur
Et se fit passer pour homo ;
Ce qu'il dit tient en peu de mots :
« Ami, tu es si en beauté
Que j'ai envie de te sauter [1] ! »

Serein, le Coq ne l'était point,
Lorsqu'il vit arriver deux gros Bouledogues [2] au coin ;
Il s'en servit : sa peur de fondre,
Car le Renard, il put confondre.

---

* Livre II – Fable 15.
[1] C'est clair et précis !
[2] Désolée, M'sieur Jean, mais je les trouve plus adaptés que les Lévriers.

Il faut dire qu'ils étaient musclés,
De l'entrejambe, fort bien membrés ;
Ils portaient sur leur peau hâlée
Des T-shirts moulants échancrés.
Le Coq les mêle à la pratique
Et, habile, il propose qu'aussitôt ils le niquent…

N'étant plus si fier, le Renard,
La queue entre les jambes… il part.
Tout en faisant très attention
Qu'ils ne l'enculent : à reculons [3]…
Et notre vieux Coq en soi-même
Bien content de son stratagème
Se mit à sourire de sa peur

Car c'est double plaisir de tromper le trompeur !

[3] Logique, non ?

Le Paon se plaignant à Junon [*]

Un Paon se plaignit à Junon [1]
De son manque de conversation !
Junon répondit en colère :
« Animal sans vocabulaire,
N'as-tu pas un magnifique corps
Que toutes les Demoiselles adorent ?
– Oui, bien sûr, quand mes muscles elles voient,
Les Belles sont vraiment en émoi.
– Dame Nature, dans sa grande bonté,
Ne t'a-t-elle pas fort bien membré ?
– Si… ma grosse queue est disposée
À être constamment érigée.
Mais après avoir été prises,
Elles ridiculisent ma bêtise ;
En riant, ces Demoiselles disent
Que je ne suis pas une lumière
Très marquée par le caractère ! ! !
Donc, elles veulent toujours se faire mettre
Et après les Belles m'envoient paître !
– Écoute-moi, Animal stupide,
Ne te suffit un corps splendide ?

[*] Livre II – Fable 17.
[1] Déesse latine de la féminité et du mariage.

Chacun ses caractéristiques :
Toi, tu as des dons pour la nique…
Et puis, si tu n'arrêtes pas de te lamenter,
Je ferai en sorte que tu ne puisses plus bander[2] ! »

[…]

Il y a une morale à extraire de tout ça :
C'est que l'on n'est jamais content de ce qu'on a !

[2] Gloup !!!

La Chatte métamorphosée en Femme [*]

Un Homme chérissait une belle Chatte ;
Il la trouvait si délicate
Que de sa condition première
Il n'avait vraiment rien à faire.
Il allait la voir tous les jours
Et ne passait jamais son tour.
Quand ils montaient les escaliers,
Il sentait qu'ils étaient liés.
Il payait plus qu'il ne fallait,
Autant de cadeaux il faisait.
Cet homme était si amoureux
Qu'il la voulut pour lui seul ;
Il devenait très malheureux,
Sachant qu'elle n'était jamais seule…
À force de tant la courtiser,
Elle consentit à l'épouser.
Au début, elle était heureuse,
Ne pensait plus à faire la gueuse
Et se croyait débarrassée
De sa situation passée.

[*] Livre II – Fable 18.

Mais pour une vie rondement menée,
L'Homme partait plus que la journée ;
Il voulait qu'elle ne manque de rien ;
Du coup, il la baisait moins bien.
Elle commençait à s'ennuyer
Puis de l'argent à se soucier…

Elle essaya de résister
Mais elle était encore tentée
Et retourna voir ses copines
Qui, elles, ne manquaient pas de pines !
Comme son Homme, pendant tout ce temps,
Travaillait dur pour le foyer,
Elle s'y remit donc doucement
Et elle put l'aider… à payer !
La Belle tapinait dans les bois,
Arrondissait les fins de mois,
À son mari, demandait moins ;
Il ne se rendit compte de rien,
Chacun ayant trouvé son lot…

Chassez le naturel, il revient au galop ! ! !

Les Grenouilles qui demandent un Roi *

Certaines fières Grenouilles amazones
Un beau jour furent tellement lassées,
Seulement entre elles, de se sucer
Qu'elles délogèrent leur Reine du trône
Et demandèrent un Roi-Baiseur
Car elles étaient fort en chaleur.
Jupiter, las de leurs requêtes
Incessantes et sempiternelles,
Donna à ces furieuses femelles
Un Sire avec une grosse quéquette.
Mais… celui-ci était gentil
Et que des caresses il leur fit.
Il avait les mains plus que douces,
Ce qui pour nos guerrières sauvages,
Au lieu de calmer leurs frimousses,
Les mettait dans une violente rage.
Elles se plaignirent à Jupiter
D'un Sire aussi affectueux ;
Encore une fois, elles réclamèrent
Un Roi bien plus tumultueux.
Jupin [1], de bonne constitution,

* Livre III – Fable 4.
[1] Nom familier de Jupiter.

Quoiqu'un petit peu sarcastique[2],
Leur donna un beau Centurion
… Assez peu doué pour la nique…

C'était un fier guerrier comme elles,
Si vaillant et vraiment musclé,
Sur son cheval, très assuré :
Il tenait bien droit sur sa selle.
Ce qui n'était pas trop le cas
De son nœud parfois[3] fort à plat !
Et Grenouilles de toujours se plaindre,
Elles n'arrêtaient jamais de geindre,
Si quémandeuses que Jupiter
Finit par se mettre en colère[4] :
« Le premier gars était trop doux ?
Ce Sire aurait dû vous suffire.
De ce dernier, contentez-vous,
De peur d'en rencontrer un pire[5] ! »

---

[2] Oh ! Si peu…
[3] Bon ! Ce n'est pas si dramatique alors, des fois ça marche ?
   Oui, mais elles sont beaucoup ! ! !
[4] Il était temps !
[5] Bien fait ! ! ! Voir la fable sur le Paon.

Le Renard et le Bouc *

Un rusé de Renard allait en compagnie
De son ami le Bouc qui n'était pas futé :
Ne voyant pas plus loin que le bout de son nez ;
L'autre devenait Maître en matière de tromperie.

Sire le Bouc assez niais suivait sans sourciller.
Quand un jour ils eurent fort envie de copuler.
Tout en se promenant, ils rencontrèrent tous deux
Une charmante Dame Renarde, au doux pelage de feu.
Le Renard se servit de l'ami pour draguer ;
L'autre benêt enflammé n'osait que bafouiller.
Il s'enfonça ainsi comme dans un puits sans fond [1]
Tandis que le Renard sauta sur l'occasion.
Pour bien en profiter, par-derrière, il jura :
« Après ce sera toi » et le bête rassura.
Étant dès lors d'accord, il se moqua du Bouc
Qui lui sans se douter, passait juste pour un plouc.
Le Maître se rehaussa : en valeur se mettait ;
Cette forme de drague marcha, la Renarde le voulait.
Quand ses yeux s'allumèrent d'un sensuel désir,
Il prit le temps de lui procurer du plaisir :

---

* Livre III – Fable 5.
[1] Allégorie du puits en référence à celui dans lequel descendent
le Renard et le Bouc, où ce dernier restera.

Les Renards débutèrent par un long soixante-neuf ;
Assise ensuite sur lui, elle se mit comme un œuf[2].
De cette façon, il put l'attraper à pleines mains
Et lui donna alors des petits coups de reins.
Il arriva vite à ses fins avec la Belle,
Sans perdre de vue le plaisir de la demoiselle.
Le Bouc patient, qui ne pouvait pas faire grand-chose
Les regarda seulement se mettre dans toutes ces poses.
Elle partit enfin, n'ayant plus besoin de rien,
Laissant le nœud du Maître rassasié à sa faim.
L'autre attendait crédule ; et sans branler le sien[3] (? ? ?).

Donc… En toute chose, il faut considérer la fin.

[2] En boule, quoi !
[3] Il n'est vraiment pas fut fut, le pauvre !

Le Loup et la Cigogne [*]

Un Loup véreux sans vergogne
Chercha les charmes d'une Cigogne.
Il proposa à cette Belle
Un pur échange sexuel.
Mais, avant de commencer,
Tout d'abord, le vil rusé
Réclama une fellation.
Avec son bec bien profond,
La Belle passa à l'action
Et il put jouir à fond…
Puis, elle s'enquit de l'échange.
« Vous baiser ? dit le filou,
Vous plaisantez mon cher ange !
Ce n'est pas déjà beaucoup
De tout avaler d'un coup ?
Allez ! Vous êtes une ingrate :
Éloignez-moi donc cette chatte ! »

[*] Livre III – Fable 9.

Le Renard et les Raisins [*]

Un certain Sire Renard tomba en pâmoison
Devant un jeune Pétard [1] avec de beaux bonbons.
Comme ces deux gros raisins [2], de couleur rouge vermeil
Lui plaisaient vraiment bien, proposa des merveilles…
Le sot jeunot de rire, n'étant pas complexé,
Il se moqua du Sire, qui lui fut très vexé.
Puis qui pensa tranquille qu'il ne les voulait pas :
« Grelots [3] trop verts, dit-il, et venant d'un goujat ! »

Bien souvent au Renard, on ressemble en ce point ;
Quand on ne peut avoir, on dit qu'on n'en veut point.

[*] Livre III – Fable 11.
[1] Comme vous voulez : Un beau gars pour les Québécois ou un cul pour les Français !!
[2] Comme papa !!
[3] Même chose que les raisins, que les bonbons d'ailleurs ou les gosses pour les Québécois.

Le Chameau et les bâtons flottants [*]

La toute première fois qu'on voit bander un Chameau,
　　On s'enfuit en courant à cet objet nouveau.
　　Mais pour peu qu'on soit attiré, on s'habitue :
　　On le saisit, on touche ; et puis on continue…
　　L'accoutumance ainsi nous rend tout familiers :
　　Ce qui nous paraissait terrible et singulier
　　　　S'apprivoise en un tournemain
　　　　Au simple contact de nos mains.
　　Et puisque nous voici tombés sur ce sujet,
La Chose [1] peut être domptée en n'en sortant qu'un jet :
Par exemple, une jeune Chamelle prit peur en nageant
Car elle surprit au loin des grands bâtons bandants [2].
　　　　Ils étaient en fait accrochés
　　　　À des Chameaux très excités.
　　Les bâtons et son courage à deux mains elle prit
　　Et les branla de près jusqu'à c'qu'ils soient petits :
　　　　Bâtons tout juste flottant sur l'onde
　　　　Et n'impressionnant plus grand monde.

　　　　Voici ce qui résumerait bien :
De loin, c'est quelque chose ; de près, ce n'est plus rien.

---

[*] Livre IV – Fable 10.
[1] Ai-je vraiment besoin de préciser que cette « chose » est un sexe masculin turgescent ??
[2] Eh bien, c'est la même chose !!

La *Grenouille* et le Rat [*]

Je sais que les histoires commencent souvent comme ça :
Je l'écris de mémoire ; donc, il était une fois…

Une perfide Dame Grenouille
Qui, passionnée d'un Rat,
Quémandait ses chatouilles.
(On se demande pourquoi [1] ???)
Elle voulait à tout prix
Au tréfonds de son être
Que le Sire Rat la prit :
Rêvait de se faire mettre.
Comme le Sire se faisait
Prier sans nulle excuse,
Dans sa tête, elle cherchait…
Trouva alors une ruse :

Elle vanta les plaisirs de naviguer sur l'eau
Si bien que pour finir, l'autre monta sur son dos.

Et pour le rassurer,
Même si ce n'était rien,
Ils s'étaient accrochés
Avec un petit lien.

[*] Livre IV – Fable 11.
[1] Effectivement !

Au beau milieu du lac,
La perfide proposa
Puisqu'il avait le trac,
Qu'enfin, il la baisa…

Mécontent du chantage,
Le Rat se débattit ;
Elle avait l'avantage,
Il était déconfit.

Un Oiseau, en voyant de loin la gestuelle
Pensa : C'est excitant !!! Étant bisexuel.

Il fondit sur la proie
Comme celle-ci était double,
S'en donna à cœur joie ;
Les mit chacun sans trouble.
Comme ils étaient liés,
L'Oiseau avait le compte,
Les deux avait niqué :
Le Rat enfin sans honte
Si gay et enchanté,
Se laissa vraiment faire ;
La Grenouille dégoûtée
Prit moins part à l'affaire…

La ruse la mieux ourdie peut nuire à l'inventeur ;
Souvent la perfidie retourne sur son auteur.

Le Coucou, le Crapaud
et la Sauterelle *

Je vais vous raconter une histoire pas si triste
Qui a été vécue par trois protagonistes.
Une Dame Coucou était Amoureuse d'un Crapaud,
Néanmoins un Maître Sauterelle vint faire le beau.

Éprise du Batracien, elle voulait le séduire
Et elle lui procura toujours plus de plaisir.
Elle se servit de toute son imagination
Pour vraiment satisfaire l'objet de sa passion.
Mais il ne le méritait pas, cet égoïste,
Et se targuait de ne pas être un hédoniste.
Rien ne passait dans sa peau flasque, impénétrable,
Nulle émotion : il se vantait d'être vénérable,
Disait qu'il préférait bouffer que la baiser
Pour légitimer son manque de maturité.
Toutes ces risibles fadaises ne l'empêchaient pourtant
De se laisser suçoter le gland en tout temps.
De plus, il n'était pas vraiment très performant,
Mais l'Amour rend aveugle, croyant au prince charmant.
Elle lui avait tout exhibé par pur Amour,
Il prit le tout et ne donna rien en retour.

* Allez, ne cherchez pas, elle n'existe pas chez La Fontaine.

Sur ses jolies plumes, Crapaud avait eu mainmise ;
Étant à poil, elle attira les convoitises.

Passant par là et par hasard, un Maître Sauterelle
Tomba tout à coup amoureux fou de la Belle.
Passionné par la douceur de sa peau si nue
Que tout d'abord il fut pris pour un farfelu.
Il faut dire qu'elle n'était pas très habituée
Que l'on ait autant envie de la léchouiller.
Il était tendre et en amour très généreux,
En fait, avait même trop de libido pour deux.
Maître Sauterelle, avec ses longues jambes affinées
Et surtout avec sa grosse queue fort affûtée,
Était pris d'un inlassable désir de niquer
Car toujours de son corps, il était excité.
Les deux amants dès lors prirent du plaisir sans cesse
Puisque d'un tel Maître, elle savourait les prouesses.
Le Crapaud n'ayant plus rien à prendre et par peur,
La queue entre les jambes, dut partir voir ailleurs.
La Dame Coucou, malgré son bel Amour déçu,
Devint béate car frustrée elle ne l'était plus.

L'Amour peut parfois devenir un vrai malheur
Lorsqu'on s'abandonne à un réel profiteur…
La baise peut souvent se changer en doux bonheur
Lorsqu'on est prise par un généreux donateur ! ! !

L'Escargot *

Il était une fois un Escargot
Qui ne cherchait pas l'alter ego.
À la fois misogyne et misandre [1],
Il voulait : ni se faire mettre, ni prendre…
[Je trouve que ça fait un peu beaucoup
Pour un jour tirer vraiment son coup [2].]
Néanmoins, ce cher hermaphrodite
Étant doté d'un con et d'une bite [3],
Et à force de tant de contorsions [4],
Se mit enfin tout seul à l'action.
Il se suffisait donc à lui-même…
Il y a une morale tout de même ?

On n'est jamais mieux servi que par soi-même ! ! !

* Ne cherchez pas plus celle-là !
[1] Pour son plus grand malheur.
[2] C'est le moins qu'on puisse dire.
[3] Ou à peu près…
[4] De par sa nature, l'Escargot est déjà très souple, alors pourquoi pas ?

Le Renard ayant
le bout de la queue coupé *

Il était le fils d'une Renarde
Qui dans sa jeunesse un jour par mégarde
eut le bout de la queue coupée,
Le Renardeau en fut fort révolté.
Il fit tout d'abord des complexes
Pensant qu'il lui manquait un bout du sexe ;
Il faut dire que ses congénères
N'arrêtaient pas et de lui se moquèrent.
Avec juste le prépuce en moins,
Il en faisait se gausser bien plus d'un :
Ils le nommaient le Mal Fini,
Sans queue, Écourté ou le … Circoncis [1].

[…]

* Livre V – Fable 5 : Le Renard ayant la queue coupée.
[1] Ils croyaient que c'était l'insulte du siècle !

Il fut enfin[2] récompensé
Lorsqu'il s'aperçut que les demoiselles
Du coup, adoraient le sucer
Car elles se mettaient à l'œuvre avec zèle[3]!!!

C'est connu, tout le monde le sait,
C'est bien plus agréable : on en sucerait[4]…

[2] À l'adolescence.
[3] Mmmh!
[4] Pour ne pas dire « on en mangerait » car ça doit faire mal!!!

Le Lièvre et la Tortue [*]

Rien ne sert de courir ; il faut partir à point.
Le Lièvre et la Tortue en sont un témoignage.

« Faire défaillir de plaisir pas moins »
Clama Maître Tortue pas si sage.
L'autre s'esclaffa : « Laisse-moi rigoler ! »
Bien atteint au cœur de sa fierté.
Débuta ainsi un dur pari
Entre un vantard et un sûr de lui.

Passant pas loin, deux jolies nymphettes
Se prêtèrent bon gré aux galipettes.
Le Lièvre commença sans assurer
Et se laissa gentiment sucer.
Il était si sûr de ses prouesses
Qu'il put s'adonner à la paresse.
Sa compagne se demandait pourtant
Mais quand allait-il être performant ?
Ce Lièvre a l'air jeune, beau et fringant.
Pourquoi n'est-il pas plus convaincant ?

L'autre posait beaucoup moins de questions,
Le Maître étant déjà en action.
Ce dernier, plus vieux, pesant et lent,
Était en la matière fort savant.

[*] Livre VI – Fable 10.

Se servant tour à tour de ses doigts,
De sa langue s'insinuant : quelle joie !
Sa belle n'en pouvait plus de plaisir,
Qu'elle était sur le point de venir.

Le Lièvre les voyant si prêts du but,
Grimpa sur la sienne, le vit[1] en rut.
Mais à peine l'avait-il introduit
Qu'il était devenu tout petit.
De la semence, il n'en restait plus,
Sauf sur la pauvre nymphette déçue !!!

Peu importe les caractéristiques
Si tu veux te taper une bonne nique.
Sans défaut de passer pour un con,
Le Savoir aura toujours raison :

« N'hésitez pas à bien exciter
Et rien ne sert de trop se vanter. »

[1] Est-il besoin de repréciser ?

Perrette et le Pot au lait *

Je vais vous raconter à ma manière
Le Pot au lait de Perrette, la Laitière.
Elle va toujours légère et court-vêtue
Mais la mienne a un peu moins de vertu!!!
Perrette, de la ferme, était si lassée
Qu'en chemin elle se mit à rêvasser…
Elle se disait qu'avec l'argent du lait,
Du beau maquillage elle achèterait
Et elle irait à la ville vendre ses charmes,
Gagner de l'argent, sans sueur, ni larmes.
Puis elle pourrait se faire grossir les lèvres,
Pour tourner dans un film qui donne la fièvre.
Avec l'argent, elle maigrirait des fesses,
Ferait vraiment du X pour la richesse.
Ensuite, elle se ferait gonfler les seins
Et jouerait des rôles encore plus coquins.

* Livre VII – Fable 10 : La Laitière et le Pot au lait.

80

Pour finir, elle liposucerait le ventre
Afin que d'autant plus de queues y entrent.
Elle gagnerait alors beaucoup d'argent
En se faisant sauter par tous ces gens
Et elle deviendrait, du porno, la star,
La seule qui prendrait toutes les positions ;
Ce serait bien évidemment la gloire
Et elle s'achèterait des tas d'actions.

… Ensuite peut-être même aussi un château
Qu'elle voyait déjà très grand et très beau[1]…

Perrette, ne faisant du tout attention,
Trébucha et tomba sur le menton.
Le pot cassa : le lait se répandant…
Adieu maquillage, lèvres pulpeuses, argent,
Fesses bien dures, ventre plat et gros nichons,
Star du porno, actions et positions…
Perrette finit son chemin en pleurant ;
Elle ne put s'en empêcher en pensant
À toute sa fortune ainsi répandue,
Qu'avant de l'avoir, elle l'avait perdue ! ! !
La simplette un peu tard avait compris
Que faire de trop grands projets est folie.
Qu'advient-il des beaux châteaux en Espagne ?
Rien du tout, car les fantasmes ils rejoignent.

---

[1] Elle est mignonne ! ! ! Non ?

Les fables de La Fontaine revues et salées

MEMBRE DE SCABRINI MEDIA

Québec, Canada
2001